Le Christ…

AF293963

Le Christ s'est arrêté au périph'

.. s'est arrêté.

Le Christ…

Édition : BoD – Books on Demand, info@bod.fr
Impression : BoD – Books on Demand, In de Tarpen 42,
Norderstedt (Allemagne)
Impression à la demande
ISBN : 978-2-3224-6112-7
Dépôt légal : Novembre 2022

.. s'est arrêté.

Franco EVANGELISTA

Le Christ s'est arrêté au périph'

.. s'est arrêté.

Le Christ…

- T'as vu cette mer, Mouloud ?
- Bah, non ! J'ai pas d' réseau, wesh !

.. s'est arrêté.

Le Christ…

Le Christ s'est arrêté au périph'

La vie s'écoulait paisiblement à Alberta Plains.

La neige avait recouvert de boue la grand-rue et les serpillières avaient été sorties aux entrées des bâtiments administratifs.

Les agents du Dépôt s'escrimaient à utiliser leur nouvel outil de travail. En effet, pour cette nouvelle année, ils avaient été dotés d'un magnifique arc de saisie qui allait rendre plus facile la vie de certains.

Il n'était pourtant pas aisé à manipuler cet arc-là. Et remplacer l'utilisation des stylos à cartouche par ce nouveau procédé était révolutionnaire mais combien douloureux pour les articulations qui souffraient déjà des rigueurs de cet hiver.

L'arc était composé d'un mécanisme qui rappelait assez les vieilles machines à coudre du début du XXe siècle et d'un bras qui aurait quelque chose à voir avec une roulette de dentiste (ou un bras de robot des chaînes de montage automobile).

.. s'est arrêté.

Le procédé permettait, en actionnant une pédale qui alimentait le système et avec un magnifique stylet magnétique disposé au bout d'un bras articulé - assez difficile à articuler d'ailleurs - de cocher des cases dans un casier (évidemment) composé de dizaines de rangées de cases donc.

C'était un travail minutieux mais hasardeux car le bras était équipé d'un balancier qui le rendait léger et en même temps virevoltant ce qui ne facilite pas la précision et l'agent en charge des saisies devait constamment tendre les muscles de son bras pour maintenir un équilibre entre la force de la balance et la légèreté du stylet. Les agents étaient également équipés de lunettes grossissantes et d'une torche frontale pour viser au plus juste.

Cette souffrance au labeur était heureusement compensée par la satisfaction du devoir accompli dans les règles de l'art et déjà les opérateurs les plus adroits, fiers comme des poux, se faisaient-ils photographier devant leurs casiers cochés.

C'est au moment où les flashes crépitaient que Strait Bookend sursauta. Ce n'était là que l'habituel cauchemar nocturne qui le réveillait en temps et en heure.

1

Depuis des mois déjà, les rémis se faisaient rares au Dépôt, non pas que leur nombre ait diminué, mais ils se déplaçaient moins vers les structures d'accueil. Les uns étant sans doute occupés à rechercher un toit pour l'hiver, les autres se débattant dans leurs difficultés quotidiennes de santé et de recherche de travail.

.. s'est arrêté.

Le Christ…

Il y avait bien ce courrier qui leur avait été envoyé par le Contrôle Général - auquel ils ne comprenaient pas grand-chose d'ailleurs.

Certains se poussaient à répondre aux sollicitations, ne serait-ce que par crainte de retours de bâton. D'autres s'étonnaient qu'on se souvienne de leur existence après des années d'indifférence.

Les rémis ne faisaient pas beaucoup de bruit, lassés qu'ils étaient, souvent, de ne pas trouver leur place dans le dispositif socio-économique qui avait été bâti autour d'eux. Pour la plupart isolés, la survie était devenue leur principale occupation.

Compliqué pour eux d'envisager l'avenir, certains, même, qui s'en sortaient, retournaient à leur précarité après quelques mois.

Ils s'étaient vu octroyer depuis quelques temps un droit à utiliser les transports publics gratuitement. C'était une bonne chose, oui, mais où pourraient-ils bien aller ?

Alors à Alberta Plains, les rémis venaient de temps en temps tailler une bavette avec les agents du Dépôt. Ils se connaissaient depuis longtemps souvent et avaient établi des liens solides à la fois de confiance et de respect mutuel.

Même si les conseils prodigués ne se matérialisaient pas forcément, il était important pour les rémis de confronter leur perception intime de ce monde à l'analyse bienveillante pour eux mais lucide pour cette société qu'avaient les agents du Dépôt.

.. s'est arrêté.

Par ces temps de gel, où le pire était annoncé pour la nouvelle année, ça réchauffait le cœur de ne pas se sentir extra-terrestre chez soi.

2

Lorsque les rémis passaient au Dépôt pour parler de leurs démarches avec les projecteurs (c'est le nom qu'on donnait aux agents de saisie de l'ancien temps) souvent, ils s'éparpillaient à parler de choses et d'autres même insignifiantes, pour tout un chacun, mais si utiles à aborder quand on n'a personne à qui les dire, ou bien même personne qui accepte de les entendre.

Ainsi, nombre de révoltes, d'indignations, de souffrances et même d'aliénations venaient se poser sur les bureaux du Dépôt.

Evidemment, ils repartaient la tête plus légère mais le corps tout aussi lourd, puisque peu de choses se réglaient là, ou du moins, peu de choses immédiatement palpables sinon le simple fait d'être « visible » aux yeux de quelques-uns. Visible non pas en tant que rémi mais en tant qu'individu citoyen, membre d'une communauté.

Car, eux, pour la plupart, ne se sentaient pas considérés comme des citoyens à part entière, exclus qu'ils étaient, de fait, de bon nombre de circuits ou de rites sociaux. Eux savaient bien que se nourrir n'était pas facile, se loger convenablement était une loterie et s'offrir des distractions une utopie, quasiment une indécence…

3

La révolte n'était pourtant pas l'exclusivité de certains rémis. Ainsi, parmi les projecteurs y avait-il des individus

.. s'est arrêté.

qui étaient réputés pour leurs prises de position tranchées et tranchantes à l'adresse de leur hiérarchie.

Evidemment cela donnait un peu de piquant aux réunions de groupe à Plain Creek auxquelles tous les agents de la Plaine étaient conviés. Il faut dire aussi que rares étaient les occasions pour ceux-ci de se retrouver dans un même endroit, encore plus rare de communiquer entre eux.

Tout n'était pas toujours compréhensible dans les interventions de Strait Bookend, pour parler de lui.

On pourrait même dire qu'il était craint par la Direction Centrale car il ramenait constamment l'évocation du réel en contrepoint des présentations de Powerpoint qui célébraient les résultats des équipes.

4

Lorsque le nouveau système de remplissage de casier (ou de cochage) qu'on appelait logiciel-métier, avait été mis en place, oui, disons imposé plutôt, car à ce jour, rien n'est vraiment bien en place - c'est le moins qu'on puisse dire - lorsque ce système est arrivé, donc, toutes sortes de questions ont été soulevées par certains projecteurs.

La première concernait la sécurité des données… En effet, il faut savoir que le procédé devait permettre que les casiers cochés des rémis soient stockés sur internet. Et qui pourrait y accéder ? Et pour quoi faire ? Rappelons que, jusqu'alors, les données confectionnées par les projecteurs restaient simplement dans leurs bureaux et qu'elles étaient le fruit des entretiens avec les rémis.

.. s'est arrêté.

Le Christ…

La seconde objection concernait justement la nature même des données puisque les casiers qu'on demandait de remplir allaient bien au-delà de ce qu'il était nécessaire ou utile de savoir de la personne pour pouvoir travailler avec elle, comme : « depuis quand habitez-vous à cette adresse ? » ou « avez-vous des problèmes de santé ? » ou encore mieux, est-ce que le projecteur pense que la personne reçue a des problèmes de santé…

Qui cela pouvait-il bien intéresser qu'un tel Monsieur Duchmol ne puisse rester en emploi parce qu'il picolait en cachette ?

Non, les vrais dangers, c'étaient les agents eux-mêmes qui pouvaient avoir accès à ces données et les approvisionner inconsidérément sous la pression de l'outil contraignant.

Bref, il apparaissait clairement que voir une personne pour la première fois et s'escrimer à remplir ces casiers en forme d'interrogatoire ne mettait pas en condition d'établir une relation de confiance. Disons-le aussi, être reçu par un agent qui se débat avec un outil récalcitrant ne donne pas une image très rassurante et finalement cela introduit dans la relation un tiers qui prend la place principale dans ce créneau spatio-temporel délicat de la première rencontre !

.. s'est arrêté.

5

Les projecteurs s'en accommodèrent en laissant l'outil de côté au moment de l'entretien et en rajoutant un temps de travail « administratif » postérieur à l'entretien.

A l'autre bout de la chaîne, on considérait que l'on pourrait obtenir n'importe quelle statistique en appuyant sur une seule touche…

Disons plutôt que les casiers, s'ils étaient correctement remplis permettaient ensuite de remplir des grilles lesquelles grilles permettaient de produire des tableaux. Ces tableaux étaient ensuite compilés et rendaient finalement compte de pas grand-chose tellement les choses avaient été sassées, tamisées, réduites, contraintes à des données sans chair.

Si l'on reprend la chaîne d'événements, on voit bien qu'à l'entrée, il y des hommes et des femmes et qu'à la sortie il n'y a que des chiffres. Evidemment, c'est plus facile à appréhender des chiffres, ça se lit vite les chiffres, ça s'estime en plus ou en moins, en mieux ou en moins bien, en plus ceci ou moins cela…

Et surtout, ça évite de voir que ça fait beaucoup.

Strait Bookend dirait sans doute que 15 000 rémis, ça fait peut-être 15 000 personnes mais ça ne fait jamais que 5 chiffres.

.. s'est arrêté.

6

D'autres changements se profilaient dans la petite ville d'Alberta Plains. Depuis de nombreux mois déjà on entendait les rumeurs concernant l'ouverture prochaine d'une Maison du Travail. Des crédits avaient été obtenus depuis longtemps pour cette maison-là, mais il s'agissait de savoir comment cet argent serait utilisé.

Finalement la Maison se trouva logée à la Maison de la Jeunesse. Ce qui signifiait en réalité que la dernière nommée s'agrandissait par ailleurs en bénéficiant de nouveaux espaces et partagerait ses anciens locaux avec la maison nouvelle. Une Maison de poupées russes, quoi.

Maison avec un grand M d'ailleurs, puisque toutes les structures d'accueil du comté de Plain Creek se trouvaient regroupées sous l'étiquette « Maison du Travail du Comté de Plain Creek » et que cet équipage se déclinerait par antennes locales « Espaces » dans chaque ville du comté.

Evidemment au moment où tout ceci se mettait en branle, on était - disons, certains étaient - encore dans le discours de la « croissance », de la « baisse du chômage » ou encore même de la « libération » du travail...

Quand la Maison allait ouvrir à Alberta Plains, au moins serait-on sûrs d'avoir la maison. Pour le travail, on verrait plus tard...

7

Cri…Cri… Pan ! Pan… ça n'arrêtait pas de clouer, déclouer, visser et dévisser, dans la Cité Monarch d'Alberta Plains. De poser et retirer et redéposer, ajuster, adapter, réécrire les panneaux sur les murs de la Maison

.. s'est arrêté.

de la Jeun… euh, du Trav… euh, oui, on ne savait plus trop, en fait.

Dans le nouvel organigramme, la Maison de la Jeunesse d'Alberta Plains fait partie de la Maison du Travail du Comté de Plain Creek, mais en même temps, l'antenne d'Alberta Plains de la Maison du Travail s'installe dans les locaux de la Maison de la Jeunesse.

Et en plus, ce local-là continuerait à recevoir à la fois du public pour la Maison de la Jeunesse et un public pour la Maison du Travail !

Je pose mon trois et je retiens deux et ça nous fait donc : une Maison de la Jeunesse qui veut garder son identité et son pouvoir local et une Maison du Travail que l'on voudrait chapeau unique regroupant toutes les structures.

Gageons qu'entre les différents panneaux, le public se perdra avec une égale facilité…

8

Autre nouveauté de l'année, c'est la création de Central Job. Pour être précis, c'est de fusion qu'il s'agit puisque les chercheurs d'emploi avaient à faire à la fois à un organisme pour le versement d'une prestation de chômage (et le contrôle qui va avec) et un autre pour l'accompagnement à la recherche d'emploi.

Il semblait clair désormais que la nouvelle institution continuerait d'exercer un contrôle mais pour ce qui est de rencontrer un conseiller, il faudrait rester solide. Et surtout ne pas hésiter à manier les supports de la modernité...

.. s'est arrêté.

Disons-le, de nos jours si jamais vous tremblez un peu des doigts ou si vous n'avez pas les lunettes adaptées, personne ne viendra vous solliciter pour vous proposer quoi que ce soit. Heureusement encore que les machines travaillent toutes seules et qu'elles peuvent faire partir des courriers à dates choisies pour vous inviter à tel ou tel événement. Peu importe qu'il ne corresponde pas à votre attente, quelque part, dans un casier que vous ignorez, une case « contact » sera cochée.

Evidemment, il y a quelques années, vous aviez rencontré monsieur Untel dans cette Agence après le pont, mais maintenant, la gestion mécanique vous attribuera, au moment où vous appellerez, une croix dans une case du planning de réception.

Pourquoi pas après tout, puisque de toute façon, la personne qui vous recevra n'aura pas le temps de discuter avec vous, et puis « vous », c'est qui ? Celui qui est « là » ou celui qui est dans la « machine » ? Non, franchement, vous voulez quoi ? Si vous ne faites pas partie de la bonne catégorie (disons celle qui a des chances de s'en sortir et qui sera sollicitée), il faudra vous débrouiller seul.

Autre façon de dire qu'on ne mise pas sur les chevaux perdants, car après tout, il faudra bien rendre des chiffres, les plus « sexy » possible, les fameux « chiffres officiels du chômage ».

9

Et Pan ! Cette fois ça y est, les panneaux sont fixés une bonne fois pour toutes !

.. s'est arrêté.

Le Christ…

A Alberta Plains, il y aura un panneau « Maison du Travail du Comté de Plain Creek – Maison des Jeunes » pour la Maison des Jeunes, ensuite un panneau « Maison du Travail du Comté de Plain Creek » plus l'ancien panneau « Dépôt Rémi » pour le Dépôt, et donc un panneau « Maison du Travail du Comté de Plain Creek – Maison des Jeunes » pour la nouvelle Maison du Travail proprement dite.

Ce qui va être drôle, surtout, c'est de voir comment l'ouverture de la dite « Maison du Travail » va être annoncée et comment les gens pourront se diriger vers elle et pour quoi y faire.

Tout cela rappellera aux plus anciens ce qui s'était passé il y a quelques années avec les mêmes locaux, les mêmes acteurs et les mêmes publics.

Une dizaine d'années plus tôt, la Maison des Jeunes avait servi de support à la création de la toute nouvelle PILE (une Programmation pour l'Insertion Locale et pour l'Emploi).

Cette entité permit à la MDJ de recevoir des fonds communautaires pour créer des actions pour le public le plus en difficulté sur la ville mais aussi pour financer des postes et des actions supplémentaires à la MDJ.

Ainsi donc, le public dit « adulte » se retrouvait à fréquenter des locaux et des ateliers destinés précédemment aux jeunes.

Mais pour que ce public « surnuméraire » puisse être accompagné, il avait été demandé aux projecteurs du Dépôt rémi d'intervenir sur ces ateliers.

.. s'est arrêté.

Et petit à petit on demanda toujours plus de main d'œuvre au Dépôt pour soulager la gestion du personnel MDJ et sans tenir compte des réflexions du Dépôt, tant sur le contenu des actions que des modalités d'exécution. Ainsi le Dépôt renonça-t-il, in fine, à participer à des ateliers qui n'en étaient plus et où l'accueil même du public adulte n'était plus assuré par la MDJ.

Ainsi donc, le public adulte va se voir proposer l'ouverture d'un espace intitulé « Maison du travail » dans des locaux de la Maison des Jeunes et il y croisera le public « jeune » qui viendra rencontrer ses conseillers. Une idée de sortie familiale, finalement.

Quant aux rémis, ils sont d'ores et déjà surpris de constater que « leur » Dépôt, qu'ils avaient bien identifié et depuis longtemps, comme un lieu d'accompagnement global, se voit attribuer le panneau « Maison du Travail » qui n'est pas très approprié au vu des missions mêmes de ce service, puisque les rémis proches de l'emploi devaient être adressés à Central Job…

Beaucoup de bruit pour rien dans les murs d'Alberta Plains, beaucoup d'agitation, de la fébrilité, et finalement, les mêmes jeux de rôle…

10

Sur la place de l'hôtel de ville, à grands coups de tambours, on annonce le démarrage de la construction du futur centre commercial Grand Canal qui promet de donner du travail aux jeunes et aux vieux, aux miséreux, aux éclopés, aux discriminés de tous poils.

.. s'est arrêté.

Le Christ…

Après dix ans d'attente, les portes du paradis vont s'ouvrir en grand et toutes les structures de la ville et du Comté se pressent au-devant de la scène à la fois pour faire connaître à la population leurs engagements mais aussi pour promouvoir leurs propres nécessiteux.

Les entreprises signent des engagements de bonne conduite à tout-va. Oui, elles embaucheront les gens d'ici, oui, elles les formeront, oui chacun sera fier de travailler pour ce modèle vertueux de projet économique et social… Oui, oui, oui ! Ouf !

Dix ans ! Le même discours, les mêmes espoirs, les mêmes engagements, le même battage médiatique… avaient été tenus par d'autres ou par les mêmes qui sont encore là. Evidemment, maintenant, avec la nouvelle municipalité, la ville est tournée vers l'avenir radieux et vers la prospérité promise.

Les rémis se souviennent.

On aurait besoin de bras pour les travaux, de mains pour le ménage, de cerveaux pour l'organisation… Evidemment, qu'est-ce que c'est, dix ans dans une vie ? L'espoir fait vivre… les politiques.

Pour ces emplois-là, comme pour ce qu'étaient les autres « nouveautés » de l'année - la maison du Travail et le nouveau Central Job - on remettra les compteurs à zéro et on recommencera à faire les mêmes choses que l'on a toujours faites.

On pourra alors démontrer que les administrations se donnent du mal pour leur population. Ou peut-être

.. s'est arrêté.

qu'elles trouvent seulement dans ces mouvements une justification de leur propre existence ?

D'autres diraient sans doute que les « décideurs » de ces politiques sont bien éloignés de ce que vivent les gens.

A Alberta Plains, comme ailleurs, les faits sont têtus, et dans les cités couvertes par le soleil couchant, pendant que les télévisions scandent les discours volontaristes des politiques, les rémis ouvrent les boites de conserves qu'ils ont rapportées de l'épicerie sociale…

11

La vague de courriers que la Caisse des Familles avait adressés aux rémis, leur demandant de se rendre dans les Dépôts pour signer un contrat d'inscription, n'avait pas fait bouger tant de monde que ça.

A vrai dire, même les rémis en possession d'un contrat en cours de validité ne comprenaient pas vraiment le sens de cette « invitation ». Qu'avaient-ils mal fait, encore ?

Ce rappel soudain à la loi a ramené vers les Dépôts des anciennes connaissances et en a produit de nouvelles.

Cependant, pour un tel, quel sens cela a-t-il de refaire un contrat après le premier signé quelques années plus tôt ou comme pour cet autre, consciencieux, qui signe son douzième de rang ?

Evidemment, pour certains, c'est l'occasion d'être informés de l'existence même des Dépôts et de leurs missions, ainsi que du cadre légal des conditions d'attribution de leur allocation.

.. s'est arrêté.

Mais finalement, cela ne révèle-t-il pas les incohérences d'un système de balance qui pousse de plus en plus à la contrainte d'un respect des formes sans proposer de pistes valables de retour au monde des vivants pour le plus grand nombre ?

A Alberta Plains, comme ailleurs sur le territoire, on a l'impression que beaucoup de choses sont en action, mais des signes épars, qui ne permettent pas une lecture d'un mouvement d'ensemble.

Des éléments disparates qui perdent un peu plus les gens.

12

Jason Main avait avoué avoir jeté son chat par la fenêtre, heureusement, ils habitent tous deux au rez-de-chaussée. Cependant, il semblerait, au vu de l'état de ses mains, que l'explication ait été rude avec le félin. Les chats ont une bonne mémoire et ils savent bien que les maîtres qui ont réussi à arrêter l'alcool ne doivent pas y retoucher…

Le chat de Jason en a vu bien d'autres.

Evidemment, quand ils logeaient chez la mère de Jason, c'est la vieille dame qui menait la barque. Depuis sa disparition, les mètres carrés ont été réduits et tout le reste avec. Solitude, déprime, problèmes de santé s'enchaînent.

Les amis ont fichu le camp depuis longtemps déjà, plus ceux que l'on évite pour ne pas avoir à payer des tournées ou se gaver de cafés noirs à la place des alcools.

.. s'est arrêté.

Et puis un soir, on se rend directement au bar et on aligne les verres, on parle aux uns et aux autres, on apostrophe, on se ridiculise, on se met la terre entière à dos, on se fait virer, on rentre chez soi et on met la musique à fond pour se meurtrir un peu plus.

Et à ce moment-là, bien sûr, on n'écoute pas le chat qui miaule : « attention ! », alors on le balance par la fenêtre.

13

Le printemps est là, dit le calendrier, et avec lui l'habituelle foire – pardon - forum de l'emploi. Euh, non, « Rencontres »… Rencontres pour l'emploi ! Ainsi « des entreprises recrutant dans différents secteurs seront présentes pour proposer des centaines d'offres d'emploi. »

« Que c'est dommage qu'elles attendent des mois pour venir nous proposer du boulot », se dit Rawson Jalak. « Nous, ça fait des années qu'on les attend ».

Ou qu'on ne les attend plus, d'ailleurs. Longtemps, longtemps, on a attendu des réponses aux courriers qu'on leur a adressés. Au moins, cette fois, pourra-t-on voir des têtes, c'est ça une rencontre, non ?

Alors on va encore tout bien faire : aller à l'habituel atelier de « préparation de CV », ensuite passer par l'atelier de « préparation à l'entretien » à la Maison du Travail, on va signer les fiches de liaison et les feuilles d'émargement pour que chacune des structures d'insertion de la ville prenne sa part au mouvement.

.. s'est arrêté.

Puis on ira discuter avec les recruteurs-tenanciers de stand de pub qui vont nous vendre leur société et ne jamais nous rappeler.

La SNCF, l'Armée, les grandes enseignes de la distribution, les boîtes d'intérim et les entreprises d'insertion - celles qui veulent nous donner des demi-salaires, parce qu'on n'est que des demi-portions et qu'on n'a que des demi-vies (Rawson a trouvé l'expression appropriée dans sa boite de comprimés).

Avec 3 millions de chômeurs, franchement, si chacun jouait le jeu, on ne serait pas obligés d'organiser des rencontres pour que les gens se trouvent. Et en plus, s'il y a beaucoup de monde, on pourra dire : quel succès !

Vraiment, bravo et encore merci.

14

Madame Mallett ne parle pas. En entrant dans le bureau du projecteur elle hésite encore entre partir et rester et son caddie semble la freiner plus que de raison. En s'asseyant, elle se demande ce qu'elle va devoir donner comme explication.

Elle a reçu le fameux courrier de la Caisse des Familles lui demandant de se rendre au Dépôt pour signer un contrat d'inscription et après bien des hésitations, elle a pris rendez-vous, pensant que, de toute façon, si on voulait la rayer des listes des rémis, on ne se priverait pas de le faire.

Elle a quand même cette appréhension qu'elle a toujours quand elle se rend dans une institution. Elle est déjà allée à la Caisse des Anciens, à la demande de la Caisse des

.. s'est arrêté.

Familles pour voir ce qu'il en serait d'une éventuelle pension. Et ce qu'on lui dit là est différent de ce qu'on lui avait dit là-bas. Les discours des uns et des autres se contredisent, se juxtaposent et finalement entretiennent une confusion. Et ici, donc, qu'est-ce que ce sera ?

« Alors, Madame, qu'est-ce qui vous amène ? » demande le projecteur.

Madame Mallett veut bien remplir ce contrat d'inscription, mais elle a peur qu'en se faisant connaître de ce service, on vienne l'obliger à accepter un emploi et comme elle à 60 ans, elle ne se sent pas capable d'accepter quoi que ce soit et donc, on lui coupera son allocation.

Elle avouera cela après quarante minutes d'entretien, quand elle se sera sentie assez en confiance avec son interlocuteur.

Elle sera convaincue même, quand celui-ci lui aura démontré que personne ne viendra lui proposer quoi que ce soit, car pour que les seuls demandeurs d'emploi se voient proposer un poste quelconque, il faudrait déjà qu'il y ait quelques trois millions d'offres disponibles alors, pourquoi viendrait-on la chercher, elle, qui ne demande rien à personne ?

Elle remerciera poliment pour l'attention qui lui aura été portée pendant plus d'une heure et pour l'humanité qu'elle aura perçue dans ce bureau. Elle s'excusera d'avoir laissé filer une larme, expliquant que ça faisait longtemps qu'elle n'avait pas parlé à quelqu'un.

.. s'est arrêté.

Concluant sur le triste état du monde, elle annonce qu'elle retourne chez elle se plonger dans la lecture de Roland Barthes.

15

Quand la PILE avait été créée on avait dit partout dans la ville que cet organisme allait ramener de l'argent de la Communauté Continentale et qu'il permettrait de mettre en place des actions d'accompagnement aux publics les plus en difficulté. Que chaque centime dépensé se verrait ainsi ajouter une contribution communautaire et que ça faciliterait l'action des structures d'insertion. Soit.

Donc, on demanda aux structures d'insertion de faire entrer dans la PILE (« piler », disait-on) un maximum de personnes pour pouvoir bénéficier de ces fonds.

Au début, ça devait permettre de bénéficier d'un accompagnement « renforcé », comme si les autres ne l'étaient pas - mais surtout ça permettait de bénéficier d'actions spécifiques mises en place pour un public qui ne trouvait pas de formation adaptée dans le droit commun. Elle facilitait aussi le financement d'actions payantes par le biais d'une enveloppe dite « souple ».

Mais « piler », à part l'acte administratif banal - ou pas - de faire signer un « engagement » à une personne, puis de le transmettre à une commission d'entrée qui statue sur le bien-fondé de cette proposition, qu'est-ce que ça apporte vraiment à la personne ?

En réalité, l'intérêt ne tient qu'à la possibilité d'obtenir un financement ou une place « réservée » dans une action de

.. s'est arrêté.

formation ou un emploi du même type. Mais au fait, qu'en est-il de l'égalité des uns et des autres du coup ?

En réalité, la question ne se pose pas en ces termes, dit-on. Ce qu'on dit, c'est que ça permet d'obtenir des fonds supplémentaires. Et puis c'est tout, vraiment. Tout, car il s'agit de procédures purement bureaucratiques qui sont bien loin des réalités des personnes concernées.

Sauf si une personne qui se présente pour un poste se voit demander le fameux « acte d'engagement de la PILE » pour pouvoir être recrutée ! Les conditions légales des dites embauches, liées au type de contrat, se sont vues adjoindre des conditions d' « opportunité » comme donc la « nécessaire » signature d'un contrat d'inscription et la signature de l'engagement PILE.

Oui, car n'oublions pas que nous sommes dans des contrées où la discrimination est un enjeu politique, mais, évidemment, ce sont toujours les autres qui discriminent.

Les bons fonctionnaires, eux, remplissent - ou pas - sagement les conditions qui sont fixées par les mêmes politiques et fonctionnaires zélés. Il faut le bon papier, la bonne signature au bon endroit, que chaque administration puisse tenir ses objectifs de rentabilité… quitte à devoir réclamer par ailleurs des financements pour la lutte contre la discrimination… des autres.

Les projecteurs du Dépôt rémi ont expliqué et réexpliqué à leurs chefs de services successifs, à la hiérarchie de Plain Creek, à la directrice de la PILE, au coordinateur local, maintes et maintes fois, que non, ajouter de la discrimination à la discrimination, c'était non, faire signer des paperasses sans la moindre signification pour les

.. s'est arrêté.

gens, c'était encore non, leur demander de faire rentrer de l'argent dans les caisses de la PILE, en bons camarades fonctionnaires, c'était toujours non.

Umpff !

16

Karaman Saldi a demandé à rencontrer son projecteur. Juste pour un conseil. Depuis des années il connait - et toute sa famille avec lui - l'adjointe au maire, Madame Vernois.

Il montre les photos avec les enfants, les cartes postales reçues et parle même de l'invitation qu'il avait reçue à aller à un spectacle, l'année dernière. Il sourit en racontant cela à son projecteur-conseiller polyvalent.

Il s'était fait une joie d'emmener sa petite famille sous ce chapiteau bruyant de périphérie. En voyant les participants, il s'était rendu compte qu'il s'agissait d'une rencontre avec le parti des USC. C'est vrai que, malgré son teint basané (sauvons ce mot de la langue française !), Monsieur Saldi - et madame - ont obtenu la nationalité française et nous étions à quelques semaines des élections !

Mais en fait, là n'est pas l'objet réel de l'interrogation, c'était seulement un préambule. Voilà six mois, madame Vernois a demandé un CV à Monsieur Saldi en lui disant de ne pas s'inquiéter, qu'elle s'occuperait de lui trouver un emploi à la mairie...

.. s'est arrêté.

Le Christ…

Le visage de monsieur Saldi par une combinaison savante de sourcils et d'yeux s'est transformé en point d'interrogation. Sa question n'est pas : dois-je faire confiance et attendre ou bien continuer mes démarches mais plutôt : pourquoi les gens sont-ils comme ça ?

Il faut dire qu'il était tombé sur le bon projecteur pour avoir ce genre de débat, car oui, ça fait aussi partie du quotidien du projecteur. Evidemment lui aussi avait observé, de sa place, ce genre de gesticulations de marketing politique.

Ainsi il avait vu partir du Dépôt des courriers d'invitation étranges, adressés à des rémis à la recherche d'un emploi. Etranges car signés par deux élus de la ville avec l'en-tête du secrétariat des élus. Pas grave, pas important, subtil, comptable, fonctionnel, esthétique ? Beurk !

Tout ça pour mettre en valeur la fameuse foire au travail organisée par la ville et le comté et mettre en avant chacun des partis majoritaires dans ces instances !

Souvent un dicton indien venait ponctuer ces réflexions portant sur les stratégies des différents acteurs du territoire. Souvent le même d'ailleurs : « prenez les gens pour des imbéciles, ils vous le rendront bien ».

.. s'est arrêté.

17

Monsieur Merche n'y comprend rien à ces courriers de Central Job. En tout cas, ça fait peur à Madame. Forcément, la lettre est bordée d'un onglet bleu sombre mettant en valeur l'objet même : « Avertissement avant transfert de catégorie ». Pris ensemble ou séparément, ces mots-là ne disent rien qui vaille. Cela donne l'occasion d'aller dire bonjour au projecteur.

La petite famille avec le fiston dans la poussette, pistolet laser au poing, se retrouve dans le bureau du Dépôt. La lettre est remise au projecteur qui rassure, explique et remet les choses à leurs places.

Le document atteste de ce que Monsieur a signalé qu'il allait entrer en formation et de ce fait, il n'est plus considéré comme étant à la recherche d'un emploi. Bon, c'est tout. Quoi que, sa formation ne dure que trois semaines… et puis, faut-il « avertir » les personnes de cet état de fait administratif ? Bof.

Monsieur et madame comprennent, mais cependant, pourquoi Monsieur a-t-il reçu par SMS une proposition de formation puisque Central Job sait qu'il est en formation ?

Euh …

18

Depuis que le Revenu de Simple Adéquation avait été mis en place, la messe était dite. Les plus pauvres resteraient entre eux. Mais pour qu'ils ne fassent pas bloc, on leur mettrait des étiquettes à décoller pour qu'on

.. s'est arrêté.

Le Christ…

puisse d'un moment à l'autre les basculer d'un dispositif à un autre.

De RSA « chapeau » ou « socle », à « fin de droit » errant entre les services, de chercheur d'emploi réorienté à demandeur d'emploi sollicité ou encore invité absent qui chercherait à faire un recours contre sa radiation administrative (on pourrait aussi bien dire informatique-automatique).

Plus personne n'y comprenait rien. Ce qui était clair, c'est que pour les uns, ce serait l'état qui paierait et pour les autres, le département.

Pour financer une formation, par exemple, selon l'étiquette que l'on aura, il faudra se mettre dans la bonne file (la trouver) et ne pas en changer. Et comme chacun retient sa bourse, il faudra finalement aller d'une institution à l'autre pour obtenir des cofinancements.

En forme de flash-back, on pourrait se souvenir des longues discussions qu'il y avait eu en réunion de service au Dépôt d'Alberta Plains quelques années plus tôt. Sur les termes utilisés.

Comment désigner le public. Bénéficiaire, client, usager ?

Pile-poil, en mettant les choses en perspective : usagés.

.. s'est arrêté.

Pendant ce temps, à Plain Creek, en réunion de Direction, on vient demander aux projecteurs : qu'est-ce que vous faites, avec les gens ?

19

Un monsieur s'agite à l'accueil, il veut voir un projecteur.

Central Job l'a envoyé là du fait de son statut de rémi, bien que demandeur d'emploi inscrit.

Coup de chance, suite à un empêchement, un projecteur rendu, de fait, disponible, se propose de le recevoir.

Monsieur est stressé, confus, mais d'entrée intransigeant : il a trouvé une formation dans la logistique après de longs mois d'attente. Elle commence dans quinze jours et il faut payer quelques mille cinq cents euros.

Le centre de formation a bien précisé que cette somme pouvait être prise en charge.

Bon. On se calme. Le projecteur, redessine les contours des conditions de financement.

Les documents à fournir, la demande de cofinancement, l'accord d'une commission, bref, les délais.

L'entretien sera long et animé. Le Monsieur ne voudra pas entendre et ira porter sa colère ailleurs.

.. s'est arrêté.

Il n'aura pas voulu entendre qu'une formation gratuite débutera dans trois mois.

Les projecteurs ne peuvent pas tout.

20

Lorsque Mina décroche le téléphone de l'accueil, c'est une voix au fort accent d'on ne sait où qui se fait entendre.

Un Monsieur Winderstein a reçu un courrier lui demandant de téléphoner pour prendre rendez-vous avant le 15. Monsieur Winderstein laisse transpirer son inquiétude, nous sommes le 23 du mois. Il n'a pas bien compris pourquoi ce rendez-vous, d'ailleurs, car il ne sait pas lire et de toute façon, il n'a eu ce courrier en sa possession qu'hier.

Mina lui explique et le rassure, ce n'est pas grave, on va trouver une date pour le faire venir. Mais celui-ci demande à venir tout de suite, si c'est possible, car il doit repartir demain.

Monsieur Winderstein n'habite pas à Alberta Plains. Avec sa famille, sa grande famille, ils vivent dans deux roulottes et ils s'installent par périodes sur les aires réservées aux gens du voyage. Il vient seulement chercher son courrier à Alberta Plains où il est rattaché administrativement.

.. s'est arrêté.

Il lui sera proposé de passer dans la journée.

21

Monsieur Allman est allé s'inscrire à Central Job. En arrivant dans le local de verre et de métal, il s'adresse à l'agent qui se trouve au guichet et lui formule sa demande. On lui indique alors un téléphone et on lui donne un numéro à appeler. Il appelle donc. La première fois, on lui demande de patienter, puis rien.

La deuxième fois, il patiente, puis rien.

La troisième fois, il répond à un questionnaire, mais il se trompe, la communication est coupée. Il retourne voir l'agent.

Celui-ci lui proposera d'essayer de son domicile. Merci.

Bah, de quoi, au fait ?

22

Nouvelle année et nouvelles résolutions.

La PILE qui était présentée depuis sa création comme le « plus » qui allait ajouter aux actions existantes des prestations ciblées pour les publics les plus en difficulté est mort. Non bien sûr, ce n'est pas ce qui est dit. Ce qui est dit, c'est qu'il a des difficultés financières et qu'il faut le sauver et que, donc, on va changer la façon de travailler.

.. s'est arrêté.

Le Christ…

Plus de sorties « emploi » ou de « qualification » mais une « file active ». La réduction de la masse salariale étant un remède possible, ceux qui seraient mécontents de leur sort ou qui ne se plieraient pas à la nouvelle vision du travail seraient invités à aller voir ailleurs.

Quoi de mieux que de vider de tout sens l'activité même des référents ? D'ailleurs que devient-elle cette activité ? Réponse officielle : recevoir et faire émarger 40 personnes par mois pour 60 rendez-vous. Bien sûr, ces chiffres ont été « négociés » en tenant compte de l'activité habituelle des uns et des autres.

C'est curieux que depuis la mise en place de ces référents, on ait refusé de discuter de l'activité même des référents et du bien-fondé de ces créations de poste car ça pourrait peut-être éclairer sur leur utilité voire même justifier de leur disparition… Pour quoi faire un référent ? Pour faire la même chose qu'un conseiller « classique», en fait. De quoi se plaint-on… ça fait un poste en plus dans les services, financé par la Communauté Continentale nous disait-on…

Alors les projecteurs d'Alberta Plains, réfractaires au non-sens mais disponibles à la discussion avaient accédé à la proposition de création d'un poste exclusivement dédié à la recherche d'emploi.

Et voilà maintenant que cette spécificité n'existe plus, plus rien n'existe en fait, seule la nécessité de recevoir un nombre donné de personnes et de les faire signer au bas d'une grille. Mais, au fait, pourquoi les gens se rendraient-ils à ces rendez-vous ? Et pourquoi

.. s'est arrêté.

continueraient-ils à venir, pour simplement signer une feuille d'entretien ?

Au-delà de ce point de vue fonctionnel, qu'a-t-on à proposer au public, au-delà des propres vicissitudes de structures administratives obsolètes ? Il faut exister parce qu'il y a des crédits pour cela. Il faudrait peut-être, par honnêteté pour le public, ajouter sur la porte des bureaux des référents PILE (ceux qui en ont), un panneau du genre « merci de bien vouloir signer pour sauvegarder mon poste ». Beau travail.

23

A l'accueil, Monsieur Shakur bafouille un bonjour hésitant et montre le courrier qu'il a reçu. Pendant que l'agent d'accueil se saisit du document, il se penche pour ne rien rater de ce qui va lui être dit. Monsieur Shakur ne parle pas un mot de français et s'en excuse timidement. Il vient de récupérer son courrier au centre de domiciliation voisin où il se trouve assigné.

Les cours de français obligatoires viennent à peine de commencer et il va d'une administration à l'autre avec sa vie dans son sac à dos.

Ils sont des dizaines comme lui à loger ici où là, le plus souvent là, plutôt qu'ici d'ailleurs, et ils mettent des heures à se déplacer d'une injonction à l'autre. Il va falloir caler un rendez-vous au plus vite dans les trous de son emploi du temps de formation. Lui faire signer son contrat. Pour travailler sur son projet, on verra plus tard.

.. s'est arrêté.

Ou jamais, qui sait où il sera domicilié dans quelques mois ?

24

C'est le blizzard qui souffle sur Alberta Plains et pas seulement. L'hiver est rude et la Terre est en colère. Les tempêtes rebelles rappellent à la juste mesure des choses. Un exemple peut-être pour ceux qui subissent les contraintes de l'ordre mondial.

Que vient faire l'ordre mondial dans tout ça ? Non, c'est vrai, c'est juste une vision du monde partagée par un certain nombre un peu partout. Vrai. Pourquoi se donner des moyens pour remplir une mission, si on peut se débrouiller avec peu...

Devant la Caisse des Familles, à Alberta Plains, c'est un peu la loterie. On y va de bon matin pour savoir pourquoi son virement n'est pas arrivé et on trouve porte close.

Une affichette explique que ce n'est pas la peine de rester. Ni de revenir bientôt. Vous invite à aller voir ailleurs. Aller se connecter chez soi.

Un autre jour, on aura fait la queue avant l'ouverture et après, on aura vu quelqu'un venir expliquer qu'en raison du nombre de dossiers à traiter l'antenne va devoir fermer. Trop de personnes d'un côté du guichet, pas assez de l'autre.

.. s'est arrêté.

Et l'on se retrouvera dans la rue, seul, parmi d'autres, une fois de plus.

25

Madame Lebret est à bout, elle a reçu une mise en demeure. Elle a un retard de loyer de plusieurs milliers d'euros. Elle avait bien vu que son Aide à Payer son Loyer n'avait pas été versée et elle avait demandé une explication à la Caisse des Familles par chat.

Sans réponse, elle se rapproche de son bailleur pour expliquer la situation. Qui lui explique que la CdF demande tous les ans au bailleur une attestation de loyer du mois de juillet de l'année précédente.

Pas cette année, visiblement.

Elle fait état de son désarroi devant son projecteur. En reprenant le cours des choses, celui-ci lui propose alors de faire parvenir à la CdF la quittance demandée. Mais madame Lebret ne l'a pas. Le contact est repris au téléphone avec la chargée de suivi du bailleur qui enverra un duplicata par mail.

C'est madame Lebret qui transmettra le document par internet.

.. s'est arrêté.

La CdF répondra, ou plutôt affichera sur son compte, que les documents transmis à cette date seront traités dans six semaines…

26

Strait croise souvent des rémis au sortir du service, surtout quand ceux-ci habitent dans la Cité Monarch. Madame Souma ne venait plus depuis longtemps déjà.

Elle salue Strait en s'approchant de lui, le sourire aux lèvres, prend des nouvelles. Mais elle, comment va-t-elle donc ?

Elle lui montre son bras droit, qui ne fonctionne plus très bien. Elle est en arrêt de travail depuis six mois. Non, pas un accident. Juste le travail.

Madame Souma avait travaillé, bien travaillé, beaucoup travaillé. En caisse, en rayon, en réserve. Elle avait été « invisible ».

Aujourd'hui elle attend « que son dossier avance » selon ses propres paroles.

L'année prochaine, peut-être.

27

Monsieur Bellecour était en avance, comme souvent, pressé qu'il était de venir parler de son nouveau récit. Son

.. s'est arrêté.

Le Christ…

projecteur avait reconnu sa voix et d'un signe depuis le seuil de son bureau, il l'invita à le rejoindre.

Monsieur Bellecour venait au dépôt depuis plus de vingt ans peut-être. Il avait été attiré par le journal que Strait Bookend avait créé. Un modeste journal de quatre pages dédié aux rémis qui fréquentaient le Dépôt ou plus précisément un journal qui présentait des textes écrits par ceux-ci et distribué dans la ville et à l'entour.

Il faut dire qu'avec l'école, ça ne s'était pas très bien passé pour Monsieur Bellecour, mais cela n'avait fait que décupler son attachement à la littérature et à l'écriture.

De temps en temps, son projecteur lui rappelait qu'il était toujours temps de se former, de retrouver du travail, même si le marché du travail lui avait joué quelques tours quelques années en arrière.

Monsieur Bellecour répondait par politesse qu'il savait tout cela et qu'un jour ou l'autre il avisera.

L'important pour lui était et reste ailleurs. Il avait intitulé un de ses textes « pourquoi j'écris ».

Il avait trouvé dans l'écriture et dans la distribution de ce journal une raison d'être et une fonction sociale qui lui convenaient. Sa place.

.. s'est arrêté.

Il avait également participé à un groupe de travail au Comité Général sur la production des écrits du Comité à destination des rémis.

A côté de cela, entrées en formation : zéro, sorties emploi : zéro.

28

Monsieur Badarak fait une triste mine assis à l'accueil. En effet, il est bien moins jovial quand sa femme l'accompagne. Il a rendez-vous avec son projecteur mais sa femme s'est jointe à lui pour la rencontre, ou, plus exactement, s'est imposée.

Elle fait des ménages quelques heures par semaine ici et là et pendant ce temps, Monsieur, lui, dépense son allocation en pariant aux courses … Mais ça, c'était avant.

Maintenant les impôts leur réclament de l'argent car les enfants, fils et fille, travaillent et ils sont déclarés domiciliés chez leurs parents...

29

Il est arrivé qu'un rémi embrasse sa projectrice. C'est inhabituel, et les deux y sont pourtant allés de bon cœur.

.. s'est arrêté.

C'est compréhensible lorsque quelqu'un arrive de l'Europe de l'Est et obtient un poste de médecin après de longues démarches de reconnaissance de diplôme, de validation d'expérience et de formation complémentaire.

Oui, car, en réalité, retrouver un emploi, celui-là ou un autre, c'est un parcours rarement court.

Et il faut pouvoir l'entendre …

30

Madame Cissé pourrait en avoir plein le dos. D'abord son bébé qui dors dans ledit dos, mais aussi sa chambre d'hôtel qui est payé par son assistante sociale pour trois jours encore, et ses deux autres enfants qu'elle a déposé dans deux écoles différentes dans une autre ville que celle de son hôtel.

Mais madame Cissé est assise à l'accueil et elle sourit. Elle a rendez-vous avec son assistante sociale et en a profité pour passer dire bonjour à son projecteur.

31

Madame Zikic patiente en attendant qu'un projecteur soit disponible. Elle a apporté des chocolats, elle n'oublie jamais de remercier pour l'accueil qui lui est fait.

.. s'est arrêté.

Le Christ…

Elle voudrait qu'on l'aide à remplir sa déclaration trimestrielle sur son compte internet. Elle était déjà venue hier mais n'avait pas son mot de passe CdF avec elle.

Un projecteur la reçoit (elle connaît tout le monde au Dépôt et son projecteur attitré est absent).

Devant l'écran, elle cherche son mot de passe. Elle fouille dans son sac. Elle trouve enfin le petit calepin où tous les codes sont rassemblés. Donne son mot de passe. Ce n'est pas le bon.

La secrétaire est appelée en renfort. C'est elle qui détient la solution, elle se propose d'aller voir le dossier de Madame dans le bureau de son projecteur. Le mot de passe est inscrit en évidence dans le dossier car Madame Zikic ne s'en souvient jamais.

Quand la secrétaire revient, le problème est réglé : c'était la date de naissance de sa fille...

Ces individus isolés pour la plupart se retrouvent encore plus isolés, mis au ban, par la digitalisation des services que personne n'ose nommer déshumanisation des services.

Le problème n'est pas d'avoir l'outil internet, ni même de savoir l'utiliser, mais l'injonction de se conformer à un mode de relation qui n'est certainement pas le moyen de s'insérer dans une société et d'y appartenir.

.. s'est arrêté.

32

Monsieur Zrek est venu demander à son projecteur s'il peut lui modifier son CV. Il a rendez-vous avec son conseiller de Central Job et il veut modifier quelques éléments. Un détail, un rien, juste montrer qu'on essaye encore...

Depuis longtemps déjà, Monsieur Zrek a fait les calculs, en chef d'entreprise qu'il était, avant son AVC.

S'il retrouvait un emploi aujourd'hui, à bientôt soixante ans, il perdrait le bénéfice de la Sécurité Maladie. Plus exactement, son épouse grabataire ne pourrait plus bénéficier des traitements nécessaires à apaiser ses douleurs, chiffrant à des centaines d'euros.

Et de toute façon, avec tout ce dont il a la charge, il n'aurait pas le temps de travailler.

Priorité à sa femme et ses trois filles.

Qui osera le blâmer ?

33

Mademoiselle Saint-Jean voulait être infirmière.

Elle sera aide-soignante.

C'est déjà ça.

.. s'est arrêté.

Monsieur Ber, quant à lui, voulait monter son entreprise de menuiserie.

Dix ans déjà…

34

C'est difficile de donner un rendez-vous à Monsieur Farron. Il a un téléphone mais c'est son épouse qui le garde, car il ne sait pas s'en servir. C'est donc elle qui répond aux appels.

Bon. Comme elle, elle n'est pas très sûre d'elle, elle vient, ils viennent, toujours accompagnés de leur voisine, qui parle bien, ou comprend mieux, en tout cas.

La première fois, ils sont donc venus à trois. Les deux dames à la borne d'accueil et Monsieur deux mètres derrière, assis. Le « Monsieur cherche du travail » disent-elles…

Il et elles cherchent encore.

35

Au Dépôt, l'équipe, c'était du costaud.

Des projecteurs qui avaient été qui formateur, qui éducateur, assistante sociale, psychologue, ou encore conseillère en économie sociale et familiale. Il fallait bien

.. s'est arrêté.

un peu de tout ça pour se coltiner les difficultés portées par les rémis.

Le quotidien n'était pas toujours simple, constatant jour après jour l'écart entre les missions et les moyens. La fatigue, la perte de sens, flottaient par intermittence dans les couloirs du Dépôt à l'occasion d'un café partagé.

Jusqu'à l'annonce du rendez-vous suivant.

36

Monsieur Samba est embauché. Etait, faudrait-il plutôt dire. Son projecteur lui avait trouvé un poste de manœuvre sur un chantier à Saint-James.

Tout allait bien, contrat signé, papiers en règle. Mais Monsieur Samba, domicilié à Alberta Plains - seulement domicilié - à Alberta Plains, vivait (dirons-nous plutôt « couchait ») dans un autre département. Il avait une heure et demie de transport, trois heures par jour, pour aller et venir sur son lieu de travail.

Son employeur ne pouvait pas miser sur lui.

37

Le matin tôt, on peut voir dans les rues d'Alberta Plains Monsieur Lebid qui marche d'un pas rapide en direction de la cité Barkus.

.. s'est arrêté.

Sa mère vit là depuis 45 ans et elle a juré de n'en sortir que les pieds devant ! C'est donc lui qui assure le quotidien de la maman grabataire.

Sa vie entre parenthèse, à subvenir aux maigres besoins de la vieille dame et aux obligations administratives de sa condition.

Son espace de liberté à lui se limite à son petit studio où il se réfugie pour dessiner et rêver à une autre vie.

A la différence de Monsieur Choffrin, fils unique, qui vit avec sa maman âgée, partage son appartement et ses douleurs. Lui, ne voit pas son avenir, ni son présent.

Qui pour aider les aidants ?

38

Madame Rashed attend à l'accueil avec ce regard attentif aux échanges entre les projecteurs et les personnes raccompagnées à la sortie. Elle se demande lequel est celui qui viendra l'appeler.

Son tour arrive, elle suit à petits pas son projecteur désigné. A petits pas car son sari n'autorise pas plus.

Elle a une demande précise : elle voudrait faire une « formation pour travailler dans un magasin »

.. s'est arrêté.

Son français est hésitant mais correct. Elle l'a appris au Pakistan.

Elle était institutrice avant de quitter son pays, puis deux ans de parcours incertain d'une frontière à l'autre avec mari et enfants.

Elle n'a pas de temps à perdre.

39

Il n'est pas rare de se trouver face à des personnes qui se présentent comme prêtes à accepter n'importe quel emploi. Seulement voilà, personne ne viendra vous chercher pour vous dire « je veux bien de vous. »

Il n'est pas rare non plus de recevoir ces dames qui veulent s'occuper d'enfants (elles s'occupent bien des leurs !) Il faut d'ailleurs constater que ces demandes s'actualisent : maintenant elles disent plutôt qu'elles veulent travailler dans les écoles.

Dans l'esprit de certaines, le Dépôt aurait sûrement des entrées à la Mairie pour favoriser l'embauche de personnel. Il leur sera indiqué que, pour elles comme pour des dizaines d'autres, il faudra ajouter sa candidature à la pile déjà fournie du service du personnel.

.. s'est arrêté.

40

Les échos de la rue arrivent jusqu'aux bureaux du Dépôt. Les « Winston ! » répondent aux « Bled, bled ! Marlboro Bled ! » d'un trottoir à l'autre.

Les vendeurs de cigarettes à la sauvette ont remplacé les dames à boubou proposant le maïs chaud …

41

Avec le temps, les projecteurs en arrivent fatalement à interroger le sens de leurs missions et les limites que la réalité leur oppose.

Un public de plus en plus dégradé, des moyens limités, un environnement sinistré et l'écho constant des débats sur le travail et des couts sociaux du chômage, le glissement qui s'est opéré en quelques années dans l'esprit de certains pontes des médias et de la politique.

En juxtaposant certains éléments du puzzle comme le « plein emploi » en cours, le nombre de sans-emploi en face, on a longtemps pensé que ceux-ci n'était pas très motivés pour reprendre un emploi.

La nouveauté, c'est que l'on considère aujourd'hui que si la translation ne se fait pas, ce sont les services d'accompagnement qui ne feraient pas leur travail correctement.

.. s'est arrêté.

Le Christ…

Comme si tous les demandeurs d'emploi ou rémis étaient chacun individuellement à égalité de chance et d'envie de retrouver un emploi.

Tous ne sont pas à la même distance du marché de l'emploi et, disons-le, dans la file d'attente, les rémis sont en queue de liste.

Peut-être espère-t-on qu'on en arrive à « obliger » les individus à accepter les emplois qu'on leur proposerait ?

Les dernières années ont bien montré que ces emplois qui ne trouvent pas preneur ne sont pas toujours des propositions dignes d'être formulées.

Même les sites internet qui se vantent de vous accompagner dans votre recherche ne font qu'afficher des résultats agglomérés et élargis pour vous donner un maximum de résultats. Comme s'ils vous offraient, heureux internaute, une offre de « produits » de substitution, se basant seulement sur des parties de mots de votre recherche...

De qui se moque-t-on ?

En tout cas, le Contrôle Général, partageant cette théorie du défaut d'efficacité des Dépôts, a décidé d'attribuer l'accompagnement des rémis à des organismes privés.

.. s'est arrêté.

Les chevaliers étincelants du retour à l'emploi, garants de la réalisation des objectifs, se bousculent au portillon.

Un an plus tard, ils sont pourtant toujours dans les starting-blocks, peinant à trouver des accords.

Dans le Comté de Plain Commons, le rideau des Dépôts tombera au 31 décembre.

En attendant, pourtant, la vie continue.

42

Madame Smaïl a toujours pensé qu'elle pouvait s'occuper d'une personne âgée. Mais il fallait se former avant, lui avait dit son projecteur. Elle avait consenti à tempérer son ardeur et suivre le conseil.

Huit mois de formation donc, avec stages pratiques en institutions, théorie en salle, tout ça était très intéressant.

Après un contrat d'un mois en remplacement dans une maison de retraite, sa recherche d'emploi avance au ralenti.

Beaucoup de courriers, peu de réponses. Finalement une embauche en CDD pour 20 heures par semaine. Elle se lance donc et accepte.

Quelques mois plus tard, elle vient, défaite, voir son projecteur et expliquer qu'elle ne pourra pas continuer.

.. s'est arrêté.

Le Christ…

Trois heures de travail par jour chez trois personnes différentes, trois heures dans les transports pour un salaire de misère au final.

Oui, car le constat est bien amer : retrouver du travail ne signifie pas pour autant sortir de la galère.

43

L'accompagnement des rémis était formalisé dans le contrat d'inscription, où le rémi formulait les étapes de son parcours d'insertion.

« Monsieur travaille à temps partiel en CDD comme professeur de saxophone dans le 78 »

« Monsieur vient de terminer sa formation de VTC. En attente de sa carte professionnelle, cherche un emploi « alimentaire » »

« Monsieur entre en formation CAP carreleur »

« Monsieur travaille à temps partiel dans la restauration et suis une formation de français »

« Madame en recherche d'emploi comme développeur web »

« Madame a des gros soucis de santé ++ »

« Madame doit s'occuper de sa famille »…

.. s'est arrêté.

… illustrent la diversité des situations et l'égal désarroi dans ces sauts dans l'inconnu sur lesquels il fallait mettre des mots.

Sur le millier de personnes suivies par le Dépôt d'Alberta Plains, environ trois cent faisaient état d'une recherche d'emploi effective et plus de la moitié trouvaient un emploi. (Bien plus que les chiffres réalisés à Central Job.)

Le quart dans le service à la personne, le reste se partageant essentiellement entre vente/distribution, hôtellerie/restauration et transport/logistique.

Les autres avaient à se débattre avec les problèmes de santé, de logement, d'alimentation (oui Messieurs-dames : alimentation), de langue, de formation, de garde d'enfant, de dettes, d'errements entre institutions… parfois même le tout dans un même emballage toxique…

44

Mademoiselle Jama a perdu son téléphone. Elle demande à l'accueil si on l'aurait trouvé. Mais non.

Pas plus que sa carte bleue la semaine précédente, quand elle était venue à son rendez-vous couverte d'un foulard et de lunettes noires.

Peut-être chez la psychiatre, alors, se dit-elle, à mi-voix, face à son projecteur.

.. s'est arrêté.

Le Christ…

Mademoiselle Jama travaillait dans un laboratoire, mais elle a perdu son emploi. Trop de malentendus, trop d'arrêts maladie, trop de difficultés à tenir/trouver sa place.

Elle avait été étudiante. En Syrie. Elle avait pris la fuite, avait-elle dit, recherchée par la police, perdue par sa famille et ses amis étudiants.

Son smartphone est le seul objet qui la relie à son humanité lointaine.

Elle rachètera un téléphone.

Et ainsi de suite.

.. s'est arrêté.

Le Christ…

Le Président de l'Etat avait encore sorti qu'il fallait demander aux rémis quelques heures de travail en contrepartie de ce que la Nation leur versait.

Force est de constater que dans les bureaux de la présidence et des ministères, peu de fonctionnaires avaient envisagé de « traverser la rue » et voir ce qui s'y passe, dans cette rue.

Il suffit de se contenter des publications de chiffres du chômage pour se répéter qu'il y a du travail en France et du travail pour tous.

A l'heure où les Dépôts vont fermer leurs portes, il ne faut pas manquer de souhaiter bonne chance aux uns et bon courage aux autres.

Rappeler également qu'entre ces murs, bien des choses ont été évoquées, souvent personnelles, parfois intimes, toujours humaines.

Et pour cela, remercier pour la confiance qui a été accordée aux projecteurs des Dépôts, que ce soit pour un entretien d'une petite heure ou pour un suivi de longues années.

.. s'est arrêté.

Le Christ…

- Le Neuf-Trois ?

- … La Seine-Saint-Denis,
Monsieur le Président…

.. s'est arrêté.

Le Christ…

.. s'est arrêté.